AF188184

Impressum
Verlag: BABADADA GmbH, Nedderfeld 112 , 22529 Hamburg
Geschäftsführer / Verlagsleitung: Harald Hof
Druck: Books on Demand GmbH, In de Tarpen 42, 22848 Norderstedt

Imprint
Publisher: BABADADA GmbH, Nedderfeld 112 , 22529 Hamburg, Germany
Managing Director / Publishing direction: Harald Hof
Print: Books on Demand GmbH, In de Tarpen 42, 22848 Norderstedt, Germany

school

בית ספר

klaslokaal
כיתה
delen
186/2
schoolplein
bord
לוח
leraar
מורה
papier
נייר
schrijven
כתב
pen
עט
bureau
שולחן עבודה
lineaal
סרגל
boek
ספר
leerling
תלמיד

schooltas

ילקוט

etui

קלמר

potlood

עיפרון

puntenslijper

מחדד

gum

גומי מחיקה

schetsblok

חוברת סרטוט

2

school - בית ספר

tekening

סרטוט

penseel

מברשת

verfdoos

קופסת צבעים

schaar

מספריים

lijm

דבק

schrift

ספר תרגול

huiswerk

שיעור בית

12

getal

מספר

2+2

optellen

חיבר

5-2

aftrekken

חיסר

2×2

vermenigvuldigen

הכפיל

rekenen

חישב

A

letter

אות

ABCDEFG HIJKLMN OPQRSTU VWXYZ

alfabet

אלפבית

hello

woord

מילה

tekst

טקסט

lezen

קרא

krijt

גיר

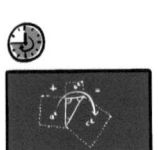

les

שיעור

klassenboek

יומן נוכחות

examen

מבחן

diploma

תעודה

schooluniform

תלבושת בית ספר

opleiding

חינוך

encyclopedie

אנציקלופדיה

universiteit

אוניברסיטה

microscoop

מיקרוסקופ

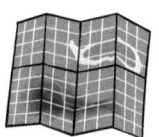

kaart

מפה

prullenmand

סל נייר

reis

נסיעה

hotel
מלון
Grand
hostel
הוסטל
ROOMS
wisselkantoor
המרת מטבע
koffer
מזוודה
auto
אוטו

taal
שפה

ja / nee
כן / לא

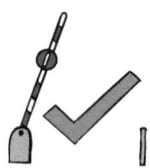

oké
בסדר

Hallo!
שלום

tolk
מתרגם

Bedankt.
תודה

Wat kost ...?

?.....כמה עולה

Ik begrijp het niet.

אני לא מבין

probleem

בעיה

Goedenavond!

!ערב טוב

Goedemorgen!

!בוקר טוב

Goedenacht!

!לילה טוב

Tot ziens!

להתראות

richting

כיוון

bagage

כבודה

tas

תיק

rugzak

תרמיל גב

gast

אורח

kamer

חדר

slaapzak

שק שינה

tent

אוהל

VVV-kantoor

מרכז מידע לתיירים

strand

חוף ים

creditkaart

כרטיס אשראי

ontbijt

ארוחת בוקר

lunch

ארוחת צהריים

diner

ארוחת ערב

kaartje

כרטיס

lift

מעלית

postzegel

בול

grens

גבול

douane

מכס

ambassade

שגרירות

visum

אשרה

paspoort

דרכון

transport

תחבורה

vliegtuig
מטוס
schip
אונייה
brandweerwagen
כבאית
bus
אוטובוס
vrachtauto
משאית
motorboot
סירת מנוע
fiets
אופניים
auto
אוטו

veerboot

מעבורת

boot

סירה

motorfiets

אופנוע

politiewagen

ניידת משטרה

raceauto

מכונית מרוץ

huurauto

רכב שכור

carsharing

מכוניות בשיתוף

takelwagen

אוטו גרר

vuilniswagen

משאית זבל

motor

מנוע

benzine

דלק

benzinepomp

תחנת דלק

verkeersbord

תמרור

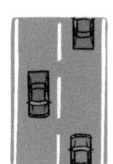

verkeer

תנועה

file

פקק תנועה

parkeerplaats

חניה

station

תחנת רכבת

rails

פסי רכבת

trein

רכבת

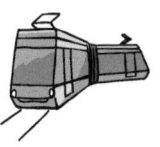

tram

רכבת קלה

wagon

קרון

helikopter

מסוק

luchthaven

שדה-תעופה

toren

מגדל

passagier

נוסע

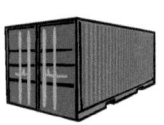

container

קונטיינר

verhuisdoos

קרטון

kar

עגלה

mand

סל

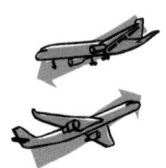

opstijgen / landen

המראה / נחיתה

stad

עיר

dorp

כפר

stadscentrum

מרכז העיר

huis

בית

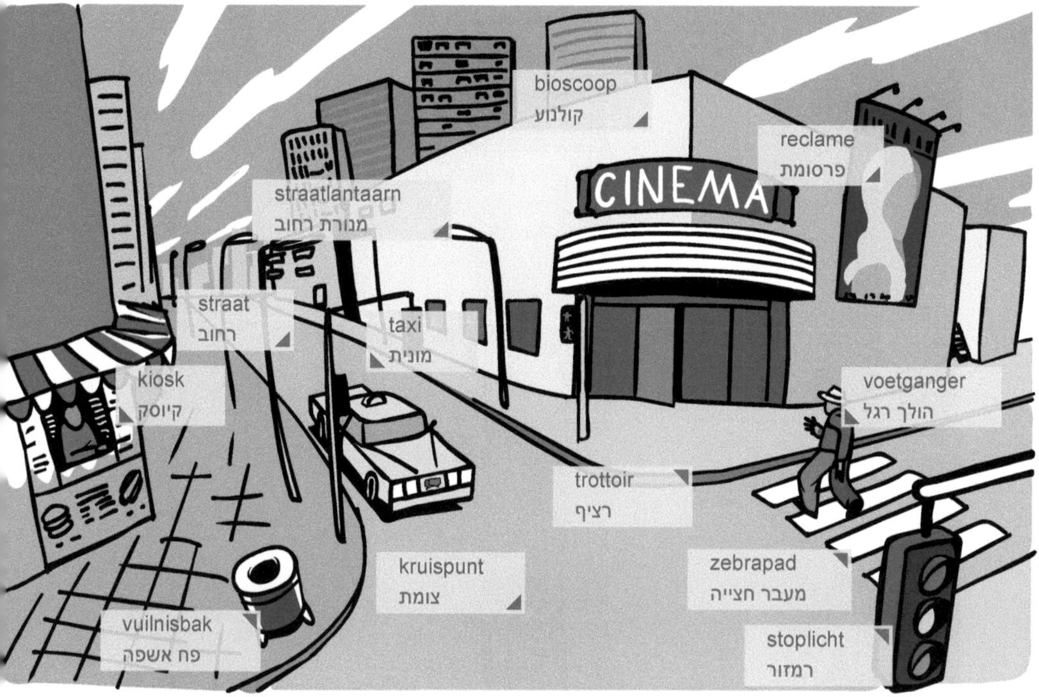

bioscoop קולנוע

reclame פרסומת

straatlantaarn מנורת רחוב

straat רחוב

taxi מונית

kiosk קיוסק

CINEMA

voetganger הולך רגל

trottoir רציף

kruispunt צומת

zebrapad מעבר חצייה

vuilnisbak פח אשפה

stoplicht רמזור

hut

בקתה

appartement

דירה

station

תחנת רכבת

stadhuis

עירייה

museum

מוזיאון

school

בית ספר

universiteit

אוניברסיטה

bank

בנק

ziekenhuis

בית חולים

hotel

מלון

apotheek

בית מרקחת

kantoor

משרד

boekenwinkel

חנות ספרים

winkel

חנות

bloemenwinkel

חנות פרחים

supermarkt

סופרמרקט

markt

שוק

warenhuis

כל-בו

visboer

מוכר דגים

winkelcentrum

קניון

haven

נמל

park

פארק

bank

ספסל

brug

גשר

trap

מדרגות

metro

רכבת תחתית

tunnel

מנהרה

bushalte

תחנת אוטובוס

bar

בר

restaurant

מסעדה

brievenbus

תא דואר

straatnaambord

שלט רחוב

parkeermeter

מדחן

dierentuin

גן חיות

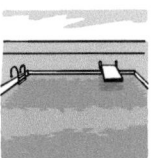

zwembad

בריכת שחיה

moskee

מסגד

boerderij

חווה

vervuiling

זיהום

begraafplaats

בית עלמין

kerk

כנסייה

speelplaats

מגרש משחקים

tempel

בית מקדש

landschap

נוף

blad
עלה

wegwijzer
תמרור

weg
דרך

weide
מרעה

steen
אבן

boom
עץ

wandelaar
מטייל

rivier
נהר

gras
דשא

bloem
פרח

vallei

בקעה

berg

הר

meer

אגם

bos

יער

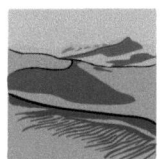

woestijn

מדבר

vulkaan

הר געש

kasteel

טירה

regenboog

קשת בענן

paddenstoel

פטריה

palmboom

דקל

mug

יתוש

vlieg

זבוב

mier

נמלה

bij

דבורה

spin

עכביש

kever

חיפושית

kikker

צפרדע

eekhoorn

סנאי

egel

קיפוד

haas

ארנב

uil

ינשוף

vogel

ציפור

zwaan

ברבור

wild zwijn

חזיר בר

hert

צבי

eland

אייל הקורא

stuwdam

סכר

windmolen

טורבינת רוח

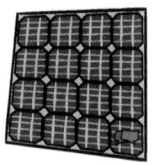

zonnepaneel

פנל סולארי

klimaat

אקלים

restaurant

מסעדה

ober
מלצר
menu
תפריט
stoel
כסא
soep
מרק
pizza
פיצה
bestek
סכו"ם
tafelkleed
מפת שולחן

voorgerecht

מנת פתיחה

hoofdgerecht

מנה עיקרית

toetje

קינוח

dranken

שתיות

eten

אוכל

fles

בקבוק

fastfood

מזון מהיר

eetkraampje

אוכל רחוב

theepot

קנקן תה

suikerpot

מסכרת

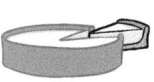

portie

מנה

espressomachine

מכונת אספרסו

kinderstoel

כסא תינוק

rekening

חשבון

dienblad

מגש

mes

סכין

vork

מזלג

lepel

כף

theelepel

כפית

servet

מפית

glas

כוס

bord

צלחת

soepbord

קערת מרק

schotel

תחתית

saus

רוטב

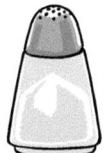

zoutvaatje

מלחייה

pepermolen

מטחנת פלפל

azijn

חומץ

olie

שמן

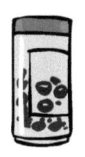

kruiden

תבלינים

ketchup

קטשופ

mosterd

חרדל

mayonaise

מיונז

supermarkt

סופרמרקט

aanbieding
מבצע
klant
לקוח
zuivelproducten
מוצרי חלב
fruit
פירות
winkelwagen
עגלת קניות

slager

אטליז

bakkerij

מאפייה

wegen

שקל

groente

ירקות

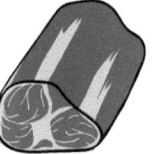

vlees

בשר

diepvriesproducten

מזון קפוא

vleeswaren

בשר קר

conserven

שימורים

wasmiddel

אבקת כביסה

snoepgoed

ממתקים

huishoudelijke artikelen

מוצרי בית

schoonmaakmiddel

חומר ניקוי

verkoopster

מוכרת

kassa

קופה

kassier

קופאי

boodschappenlijstje

רשימת קניות

openingstijden

שעות פתיחה

portefeuille

ארנק

creditkaart

כרטיס אשראי

tas

תיק

plastic zak

שקית נילון

dranken

שתיות

water

מים

sap

מיץ

melk

חלב

cola

קולה

wijn

יין

bier

בירה

alcohol

אלכוהול

chocolademelk

קקאו

thee

תה

koffie

קפה

espresso

אספרסו

cappuccino

קפוצ'ינו

eten

אוכל

banaan

בננה

appel

תפוח

sinaasappel

תפוז

watermeloen

אבטיח

citroen

לימון

wortel

גזר

knoflook

שום

bamboe

במבוק

ui

בצל

paddenstoel

פטריות

noten

אגוזים

pasta

אטריות

spaghetti

ספגטי

rijst

אורז

salade

סלט

friet

צ'יפס

gebakken aardappelen

צ'יפס

pizza

פיצה

hamburger

המבורגר

sandwich

כריך

schnitzel

שניצל

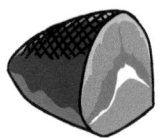

ham

שינקין

salami

סלאמי

worst

נקניקיה

kip

עוף

gebraad

טיגון

vis

דג

havermout

שיבולת שועל

muesli

מוזלי

cornflakes

קורנפלקס

meel

קמח

croissant

קרואסון

broodjes

לחמנייה

brood

לחם

toast

טוסט

koekjes

עוגיות

boter

חמאה

kwark

גבינה לבנה

taart

עוגה

ei

ביצה

gebakken ei

ביצת עין

kaas

גבינה

ijs

גלידה

suiker

סוכר

honing

דבש

jam

ריבה

chocoladepasta

ממרח נוגט

kerrie

קארי

boerderij
חווה

boerderij
בית חווה
schuur
אסם
hooibaal
חבילת שחת
veld
שדה
paard
סוס
aanhangwagen
עגלת נגרר
tractor
טרקטור
veulen
סייח
ezel
חמור
schaap
כבש
lam
טלה

geit
עז

koe
פרה

kalf
עגל

varken
חזיר

big
חזרזיר

stier
שור

boerderij - חווה

gans

אווז

eend

ברווז

kuiken

אפרוח

kip

תרנגולת

haan

תרנגול

rat

חולדה

kat

חתול

muis

עכבר

os

שור

hond

כלב

hondenhok

מלונה

tuinslang

צינור השקיה

gieter

קנקן מים

zeis

חרמש

ploeg

מחרשה

sikkel

מגל

schoffel

מגרפה

hooivork

קלשון

bijl

גרזן

kruiwagen

מריצה

trog

שוקת

melkbus

כד חלב

zak

שק

hek

גדר

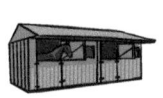

stal

אורווה

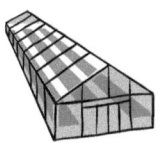

broeikas

חממה

grond

אדמה

zaad

זרע

mest

דשן

maaidorser

מקצרה

oogsten

קצר

oogst

קציר

yam

בטטה אפריקנית

tarwe

חיטה

soja

סויה

aardappel

תפוח אדמה

maïs

תירס

koolzaad

קנולה

fruitboom

עץ פירות

maniok

קסבה

granen

דגנים

huis
בית

schoorsteen
ארובה
dak
גג
regenpijp
מרזב
raam
חלון
garage
מוסך
deurbel
פעמון
deur
דלת
prullenbak
פח אשפה
brievenbus
תיבת מכתבים
tuin
גינה

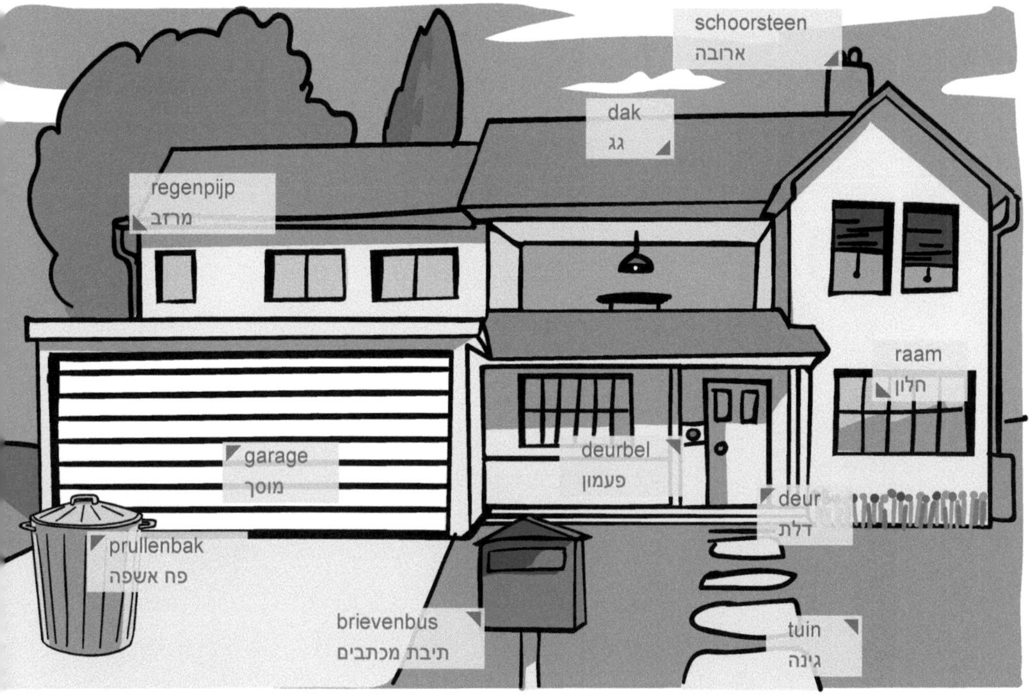

woonkamer

סלון

badkamer

חדר אמבטיה

keuken

מטבח

slaapkamer

חדר שינה

kinderkamer

חדר ילדים

eetkamer

חדר אוכל

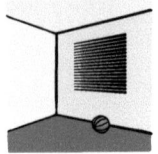

vloer

רצפה

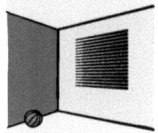

muur

קיר

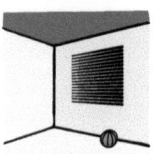

plafond

תקרה

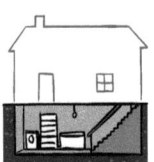

kelder

מרתף

sauna

סאונה

balkon

מרפסת

terras

מרפסת

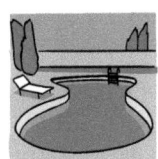

zwembad

בריכה

grasmaaier

מכסחת דשא

laken

סדין

bedsprei

כיסוי מיטה

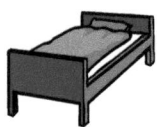

bed

מיטה

bezem

מטאטא

emmer

דלי

schakelaar

מפסק

woonkamer
סלון

behang
טפט
foto
תמונה
lamp
מנורה
plank
מדף
kast
ארון
televisie
טלוויזיה
open haard
אח
bloem
פרח
kussen
כרית
bankstel
ספה
vaas
אגרטל
afstandsbediening
שלט רחוק

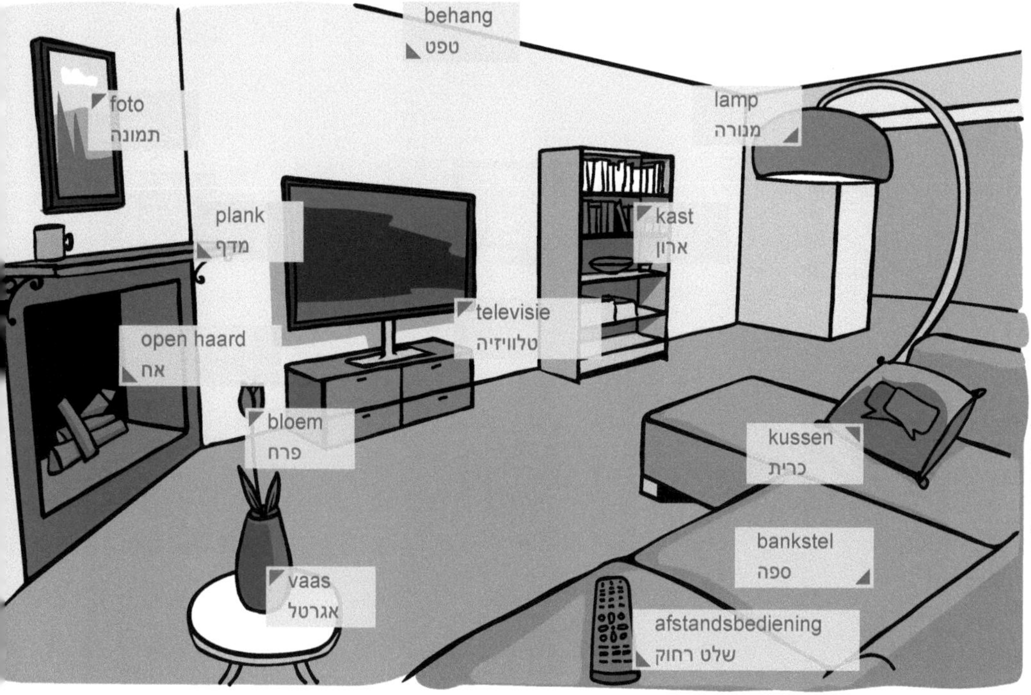

tapijt

שטיח

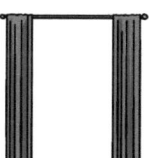

gordijn

וילון

tafel

שולחן

stoel

כסא

schommelstoel

כיסא נדנדה

stoel

כורסה

boek

ספר

deken

שמיכה

decoratie

דקורציה

brandhout

עצי הסקה

film

סרט

stereo-installatie

מערכת סטריאו

sleutel

מפתח

krant

עיתון

schilderij

ציור

poster

פוסטר

radio

רדיו

kladblok

מחברת

stofzuiger

שואב אבק

cactus

קקטוס

kaars

נר

keuken

מטבח

koelkast
מקרר
magnetron
מיקרוגל
keukenweegschaal
toaster
טוסטר
schoonmaakmiddel
חומר ניקוי
oven
תנור
vriesvak
מקפיא
prullenbak
פח אשפה
vaatwasser
מדיח כלים

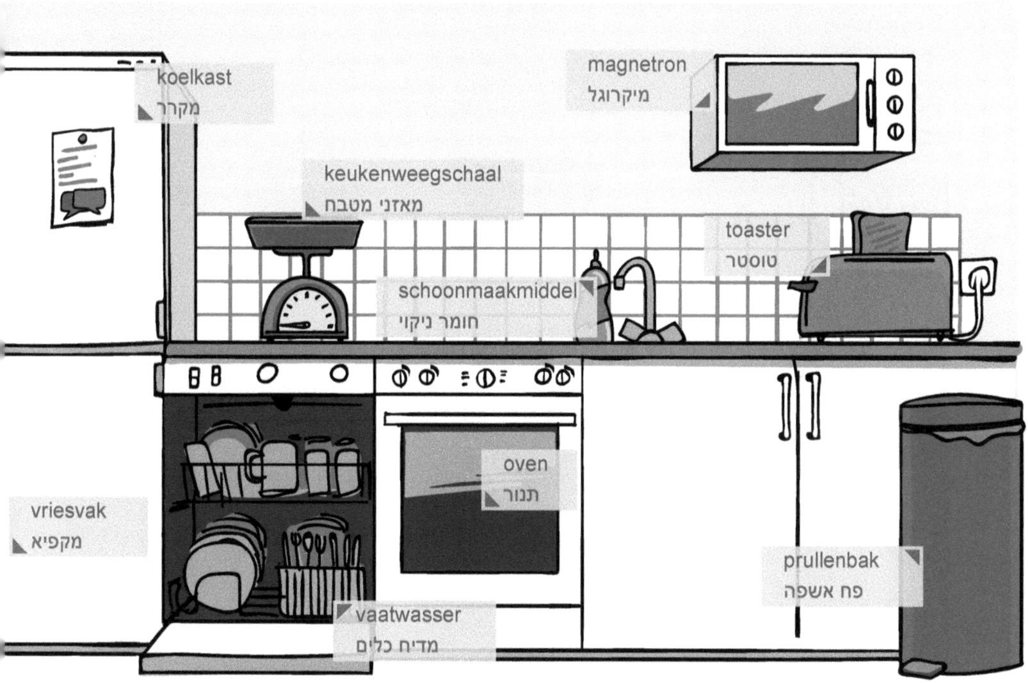

fornuis

תנור

pan

סיר

gietijzeren pan

סיר ברזל

wok / kadai

ווק

koekenpan

מחבת

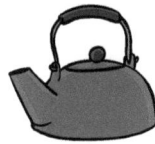

ketel

קומקום חשמלי

stoomkoker

מאדה

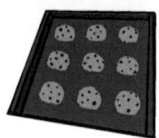

bakplaat

מגש אפייה

servies

כלי אוכל

beker

ספל

kom

קערה

eetstokjes

צ'ופסטיקס

soeplepel

מצקת

spatel

מרית

garde

מטרפה

vergiet

מסננת בישול

zeef

מסננת

rasp

מגרדת

vijzel

מכתש

barbecue

גריל

vuurhaard

מדורה

snijplank

קרש חיתוך

deegroller

מערוך

kurkentrekker

פותחן פקקים

blik

פחית

blikopener

פותחן קופסאות

pannenlap

מטלית

wasbak

כיור

borstel

מברשת

spons

ספוג

blender

בלנדר

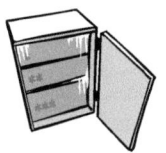

vriezer

מקפיא

babyflesje

בקבוק לתינוק

kraan

ברז

badkamer

חדר אמבטיה

douche
מקלחת
verwarming
חימום
handdoek
מגבת
douchegordijn
וילון מקלחת
bubbelbad
אמבטיית קצף
bad
אמבטיה
glas
כוס
wasmachine
מכונת כביסה
kraan
ברז
tegels
אריחים
potje
סיר לילה
wasbak
כיור

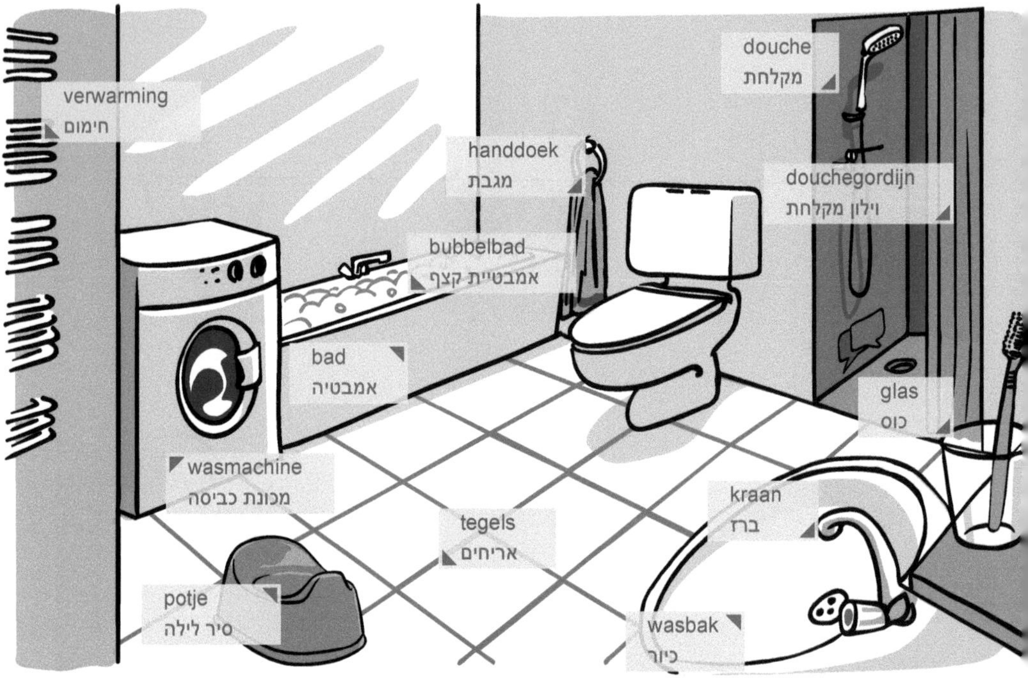

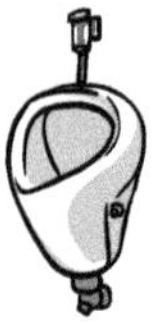

toilet

אסלה

hurktoilet

אסלת כריעה

bidet

בידה

urinoir

משתנה

toiletpapier

נייר טואלט

toiletborstel

מברשת אסלה

tandenborstel

מברשת שיניים

tandpasta

משחת שיניים

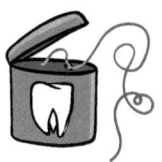

flosdraad

חוט דנטלי

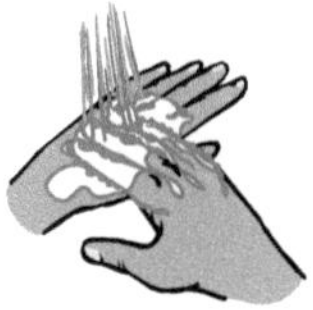

wassen

שטף

handdouche

מקלחת יד

toiletdouche

צינור שטיפה לשירותים

waskom

קערת רחצה

rugborstel

מברשת גב

zeep

סבון

douchegel

ג'ל רחצה

shampoo

שמפו

washanje

ליפה

afvoer

ניקוז

creme

קרם

deodorant

דיאודורנט

spiegel

מראה

make-upspiegel

מראת יד

scheermes

סכין גילוח

scheerschuim

קצף גילוח

aftershave

אפטרשייב

kam

מסרק

borstel

מברשת

haardroger

מייבש שיער

haarspray

ספריי לשיער

make-up

איפור

lippenstift

שפתון

nagellak

לק

watten

צמר גפן

nagelschaartje

מספריים לציפורניים

parfum

בושם

toilettas

תיק כלי רחצה

kruk

שרפרף

weegschaal

משקל

badjas

חלוק רחצה

rubber handschoenen

כפפות גומי

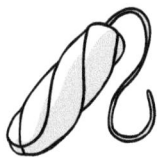

tampon

טמפון

maandverband

תחבושת סניטרית

chemisch toilet

שירותים כימיקליים

kinderkamer

חדר ילדים

wekker
שעון מעורר
knuffeldier
צעצוע חיבוק
speelgoedauto
מכונית צעצוע
rammelaar
רעשן
poppenhuis
בית בובות
cadeau
מתנה

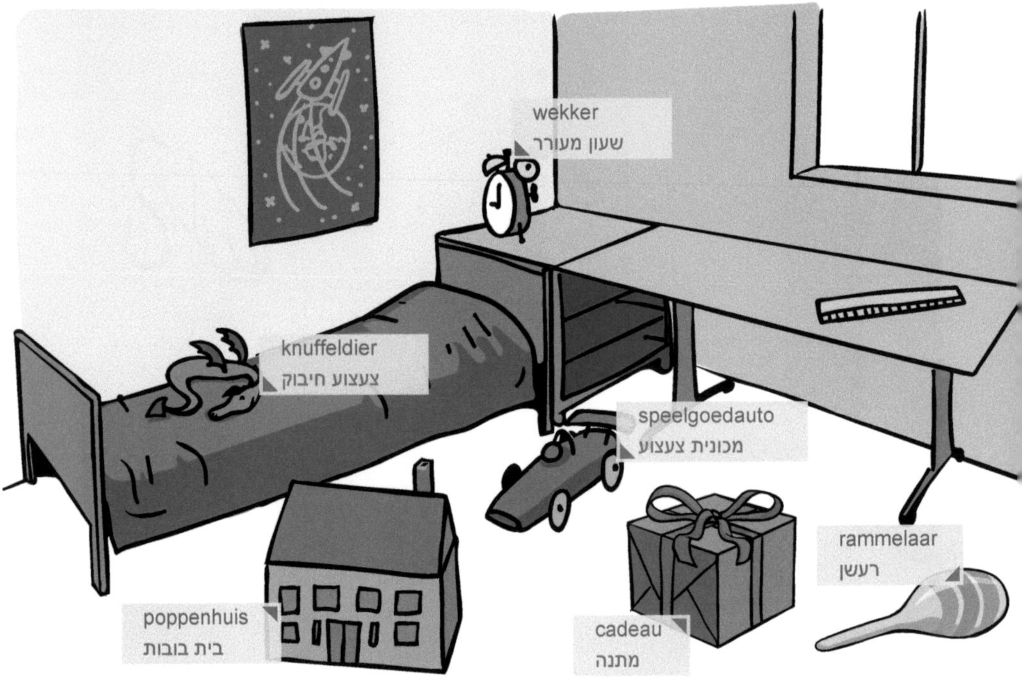

ballon

בלון

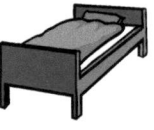

bed

מיטה

kinderwagen

עגלה

kaartspel

משחק קלפים

puzzel

פאזל

stripverhaal

קומיקס

legostenen

לגו

speelgoedblokken

קוביות משחק

actiefiguurtje

דמות משחק

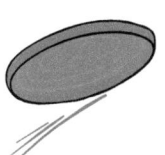

romper

סרבל תינוקות

frisbee

פריזבי

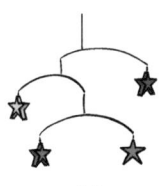

mobile

נייד

bordspel

משחק לוח

dobbelsteen

קוביה

modeltrein

רכבת צעצוע

speen

מוצץ

feestje

מסיבה

prentenboek

אלבום תמונות

bal

כדור

pop

בובה

spelen

שיחק

zandbak

ארגז חול

schommel

נדנדה

speelgoed

צעצועים

spelcomputer

קונסולת משחקים

driewieler

אופניים תלת גלגלי

teddybeer

דובון

kleerkast

ארון בגדים

kleding

בגדים

sokken

גרביים

kousen

גרביונים

panty

גרביון

sjaal
צעיף

paraplu
מטריה

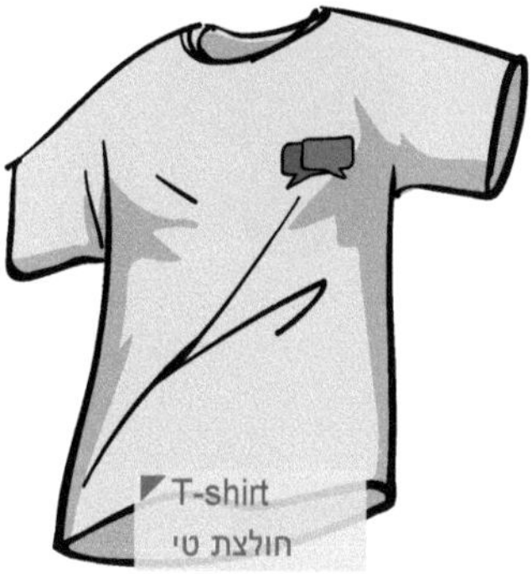

T-shirt
חולצת טי

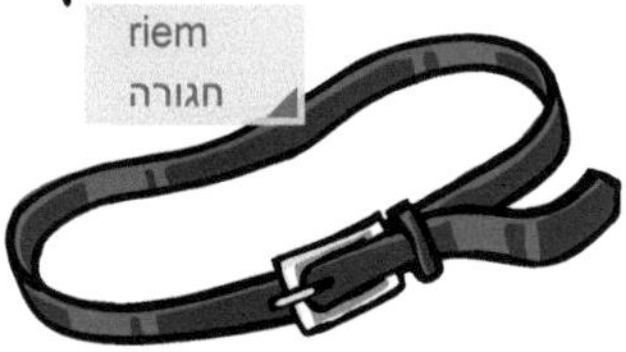

riem
חגורה

laarzen
מגפיים

sportschoenen
נעלי ספורט

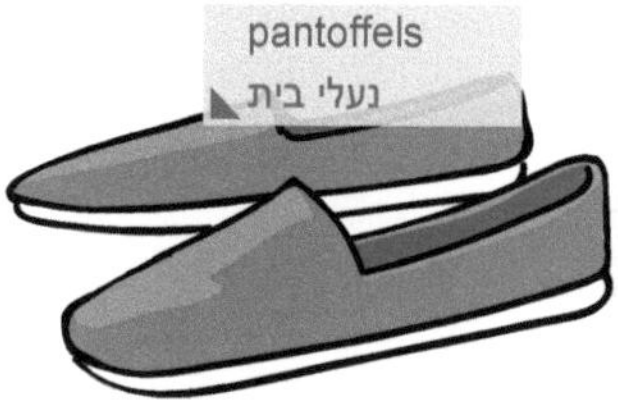

pantoffels
נעלי בית

sandalen

סנדלים

schoenen

נעליים

rubberlaarzen

מגפי גומי

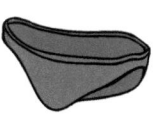

onderbroek

תחתונים

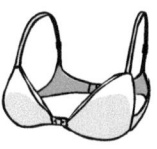

beha

חזייה

onderhemd

וסט

body

גוף

broek

מכנסיים

spijkerbroek

ג'ינס

rok

חצאית

blouse

חולצה מכופתרת

overhemd

חולצה

trui

אפודה

hoody

סווצ'ר עם קפוצ'ון

blazer

בלייזר

jas

ז'קט

mantel

מעיל

regenjas

מעיל גשם

kostuum

תלבושת

jurk

שמלה

trouwjurk

שמלת כלה

pak

חליפה

nachthemd

כותונת לילה

pyjama

פיג'מה

sari

סארי

hoofddoek

מטפחת ראש

tulband

טורבן

boerka

בורקה

kaftan

קאפטן

abaja

עבאיה

zwempak

בגד ים

zwembroek

בגד ים

korte broek

מכנסיים קצרים

trainingspak

בגד אימון

schort

סינר

handschoenen

כפפות

knoop

כפתור

bril

משקפיים

armband

צמיד יד

ketting

שרשרת

ring

טבעת

oorbel

עגיל

pet

כובע

kledinghanger

קולב

hoed

כובע

stropdas

עניבה

rits

רוכסן

helm

קסדה

bretels

כתפיות

schooluniform

תלבושת בית ספר

uniform

מדים

slabbetje

מפית אוכל

speen

מוצץ

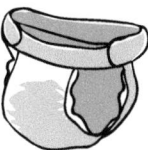

luier

חיתול

kantoor

משרד

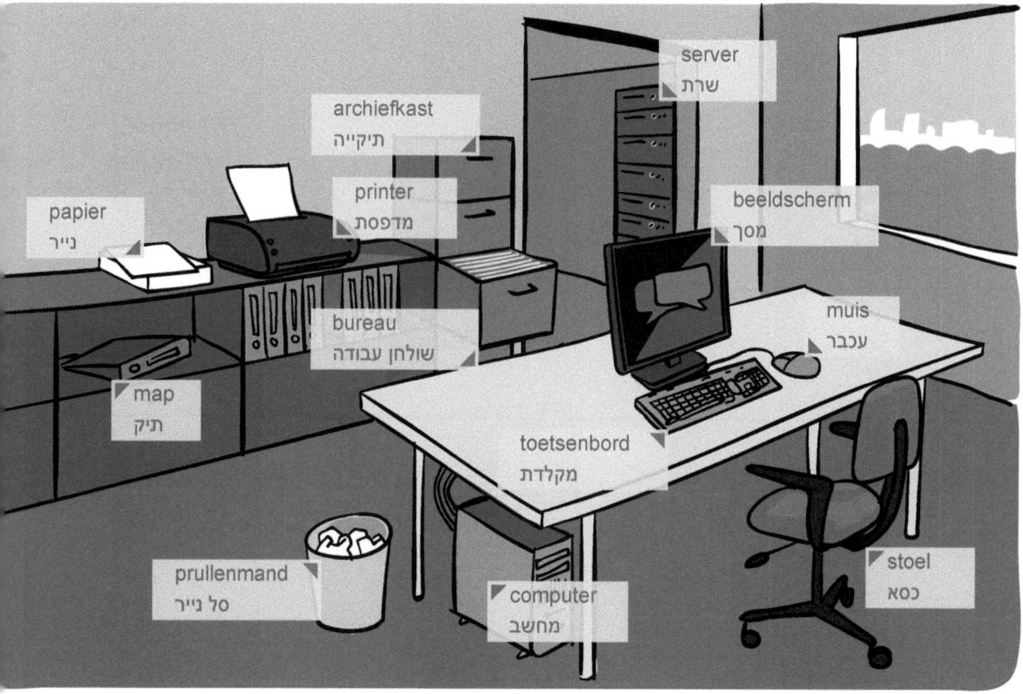

server
שרת

archiefkast
תיקייה

printer
מדפסת

papier
נייר

beeldscherm
מסך

bureau
שולחן עבודה

muis
עכבר

map
תיק

toetsenbord
מקלדת

prullenmand
סל נייר

stoel
כסא

computer
מחשב

koffiemok

ספל קפה

rekenmachine

מחשבון

internet

אינטרנט

laptop

מחשב נייד

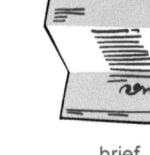

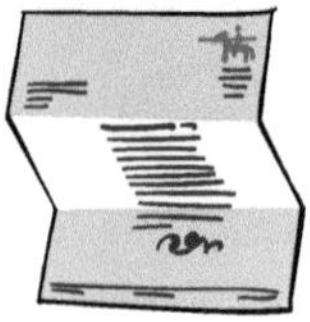

brief

מכתב

bericht

הודעה

mobiele telefoon

נייד

netwerk

רשת

kopieermachine

מכונת צילום

software

תוכנה

telefoon

טלפון

stopcontact

שקע

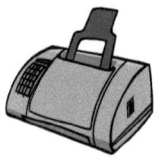

fax

פקס

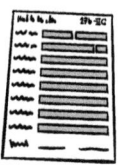

formulier

טופס

document

מסמך

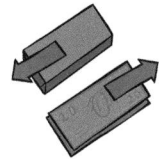

kopen

קנה

betalen

שילם

handel drijven

סחר

geld

כסף

dollar

דולר

euro

יורו

yen

ין

roebel

רובל

Zwitserse frank

פרנק שווייצרי

renminbi yuan

יואן רנמינבי

roepie

רופי

geldautomaat

כספומט

wisselkantoor

המרת מטבע

goud

זהב

zilver

כסף

olie

נפט

energie

אנרגיה

prijs

מחיר

contract

חוזה

belasting

מס

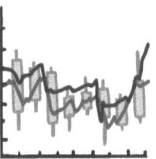

aandeel

מנייה

werken

עבד

werknemer

עובד

werkgever

מעסיק

fabriek

מפעל

winkel

חנות

beroepen
מקצועות

politieagent
שוטר
brandweerman
כבאי
kok
טבח
dokter
רופא
piloot
טייס

tuinman

גנן

timmerman

נגר

naaister

תופרת

rechter

שופט

scheikundige

כימאי

toneelspeler

שחקן

buschauffeur

נהג אוטובוס

taxichauffeur

נהג מונית

visser

דייג

schoonmaakster

עובדת נקיון

dakdekker

מתקן גגות

ober

מלצר

jager

צייד

schilder

צייר

bakker

אופה

elektricien

חשמלאי

bouwvakker

עובד בניין

ingenieur

מהנדס

slager

קצב

loodgieter

אינסטלטור

postbode

דוור

soldaat

חייל

architect

אדריכל

kassier

קופאי

bloemist

מוכר פרחים

kapper

ספר

conducteur

כרטיסן

monteur

מכונאי

kapitein

קברניט

tandarts

רופא שיניים

wetenschapper

מדען

rabbi

רב

imam

אימאם

monnik

נזיר

pastoor

כומר

gereedschap

כלי עבודה

hamer
פטיש
tang
צבת
schroevendraaier
מברג
moersleutel
מפתח ברגים
zaklamp
פנס

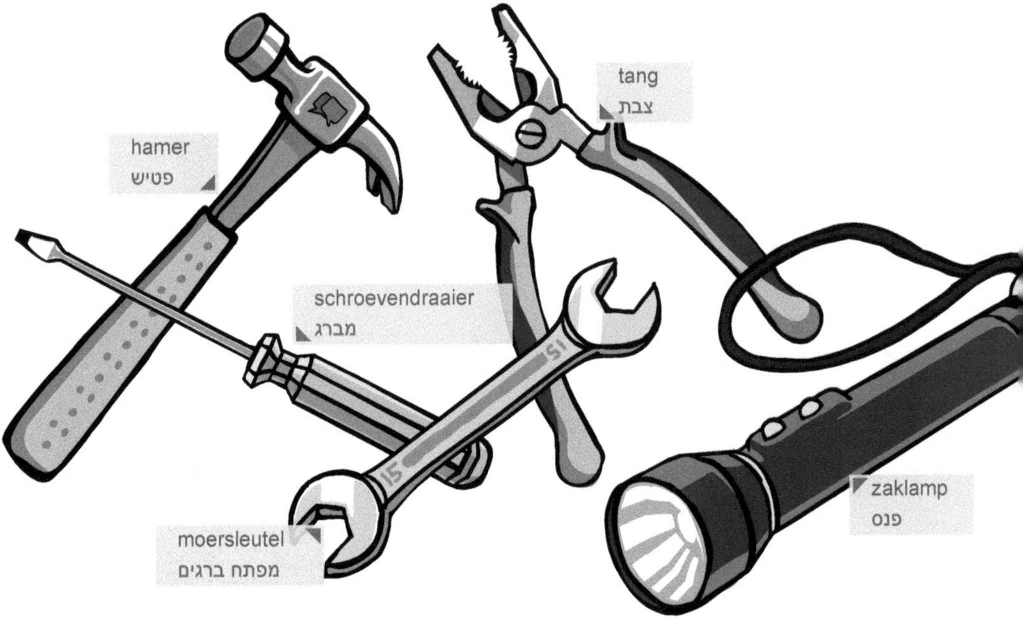

graafmachine

דחפור

gereedschapskist

ארגז כלים

ladder

סולם

zaag

מסור

spijkers

מסמרים

boor

מקדחה

repareren
....
תיקן

schep
....
את חפירה

Verdorie!
....
לעזאזל!

stofblik
....
יעה

verfpot
....
פח צבע

schroeven
....
ברגים

muziekinstrumenten
כלי נגינה

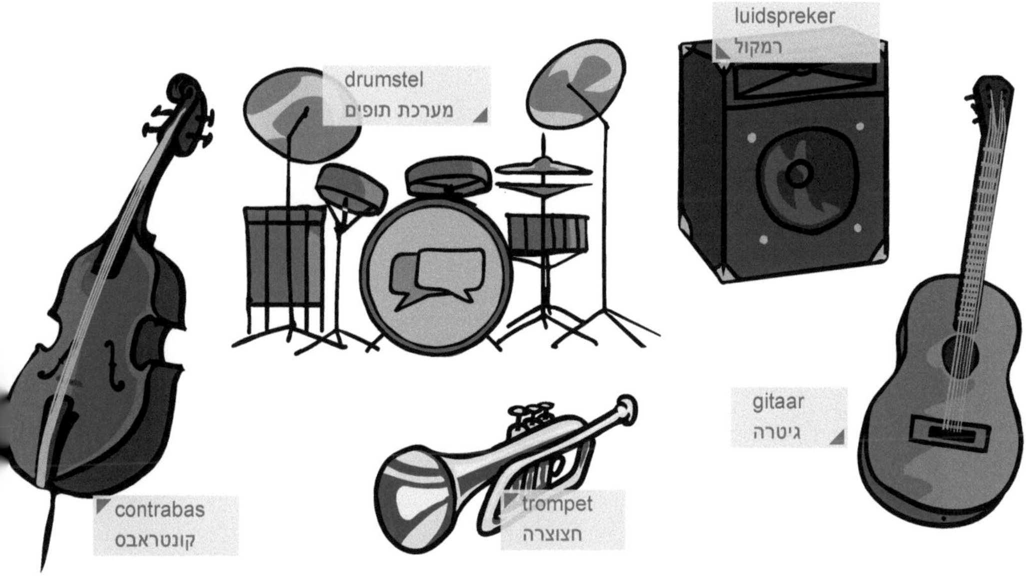

drumstel
מערכת תופים

luidspreker
רמקול

gitaar
גיטרה

contrabas
קונטראבס

trompet
חצוצרה

piano

פסנתר

viool

כינור

bas

בס

pauk

תוף הדוד

trommel

תופים

keyboard

מקלדת פסנתר

saxofoon

סקסופון

fluit

חליל

microfoon

מיקרופון

dierentuin

גן חיות

ingang
כניסה
tijger
נמר
kooi
כלוב
zebra
זברה
dierenvoer
מזון לחיות
panda
פנדה

dieren

בעלי חיים

olifant

פיל

kangoeroe

קנגרו

neushoorn

קרנף

gorilla

גורילה

beer

דוב

kameel

גמל

struisvogel

יען

leeuw

אריה

aap

קוף

flamingo

פלמינגו

papegaai

תוכי

ijsbeer

דוב הקרח

pinguïn

פינגווין

haai

כריש

pauw

טווס

slang

נחש

krokodil

תנין

dierenverzorger

שומר גן החיות

zeehond

כלב ים

jaguar

יגואר

pony

סוס פוני

luipaard

לאופרד

nijlpaard

היפופוטאם

giraffe

ג'ירפה

adelaar

נשר

wild zwijn

חזיר בר

vis

דג

schildpad

צב

walrus

סוס ים

vos

שועל

gazelle

איילה

American football
פוטבול אמריקאי

wielrennen
רכיבת אופניים

tennis
טניס

basketbal
כדורסל

zwemmen
שחיה

boksen
אגרוף

ijshockey
הוקי

voetbal
כדורגל

badminton
בדמינטון

atletiek
אתלטיקה

handbal
כדור-יד

skiën
עשה סקי

polo
פולו

activiteiten
פעילויות

lachen
צחק
springen
קפץ
knuffelen
חיבק
lopen
הלך
zingen
שר
dromen
חלם
bidden
התפלל
kussen
נשק

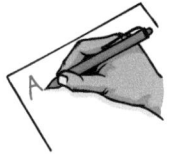

schrijven
כתב

tekenen
צייר

tonen
הראה

duwen
דחף

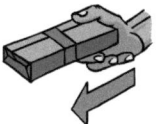

geven
נתן

oppakken
לקח

hebben

יש / להיות הבעלים

doen

עשה

zijn

היה

staan

עמד

rennen

רץ

trekken

משך

gooien

זרק

vallen

נפל

liggen

שכב

wachten

חיכה

dragen

סחב

zitten

ישב

aankleden

התלבש

slapen

ישן

wakker worden

התעורר

bekijken

הסתכל ב-

huilen

בכה

strelen

ליטף

kammen

סירק

praten

דיבר

begrijpen

הבין

vragen

שאל

horen

שמע

drinken

שתה

eten

אכל

opruimen

סידר

houden van

אהב

koken

בישל

rijden

נהג

vliegen

עף

zeilen

שט

rekenen

חישב

lezen

קרא

leren

למד

werken

עבד

trouwen

התחתן

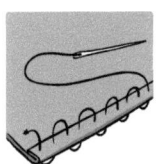

naaien

תפר

tandenpoetsen

ציחצח שיניים

doden

הרג

roken

עישן

verzenden

שלח

familie

משפחה

grootmoeder
סבתא
grootvader
סבא
vader
אבא
moeder
אימא
baby
תינוק
dochter
בת
zoon
בן

gast

....

אורח

tante

....

דודה

oom

....

דוד

broer

....

אח

zus

....

אחות

lichaam

גוף

voorhoofd
מצח
oog
עין
schouder
כתף
vinger
אצבע
gezicht
פנים
kin
סנטר
hand
כף יד
been
רגל
borst
חזה
arm
זרוע

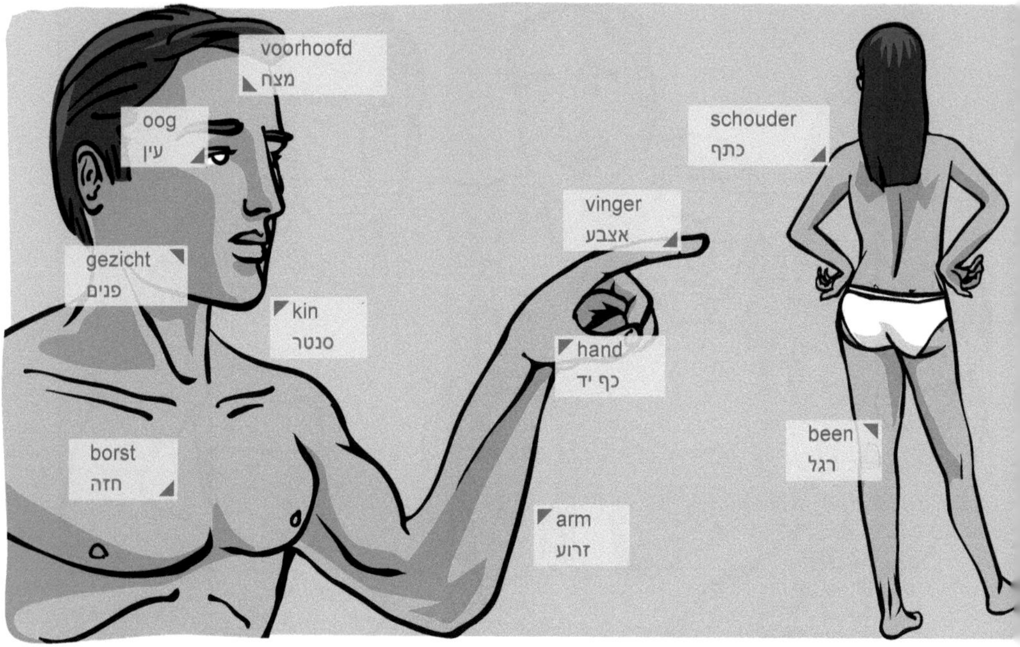

baby

תינוק

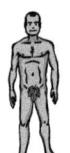

man

איש

vrouw

אישה

meisje

ילדה

jongen

ילד

hoofd

ראש

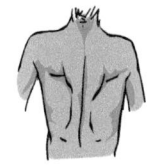

rug
גב

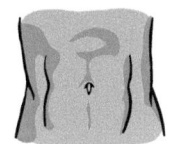

buik
בטן

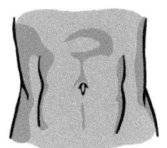

navel
טבור

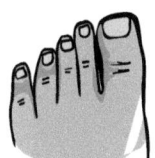

teen
אצבע

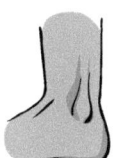

hiel
עקב

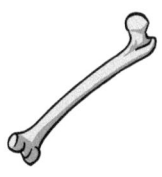

bot
עצם

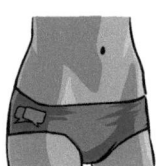

heup
ירך

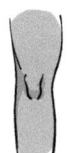

knie
ברך

elleboog
מרפק

neus
אף

achterwerk
עכוז

huid
עור

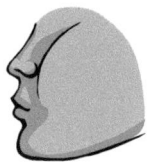

wang
לחי

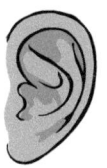

oor
אוזן

lippen
שפתיים

mond

פה

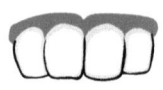

tand

שן

tong

לשון

hersenen

מוח

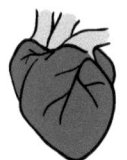

hart

לב

spier

שריר

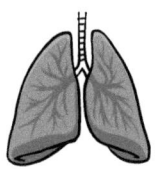

long

ריאה

lever

כבד

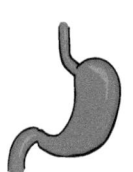

maag

קיבה

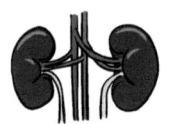

nieren

כליות

geslachtsgemeenschap

מין

condoom

קונדום

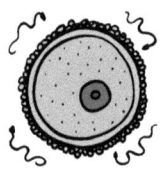

eicel

ביצית

sperma

זרע

zwangerschap

הריון

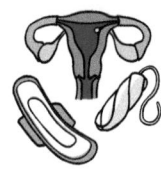

menstruatie

ווסת

vagina

נרתיק

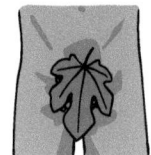

penis

פין

wenkbrauw

גבה

haar

שיער

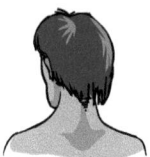

ḥals

צוואר

ziekenhuis
בית חולים

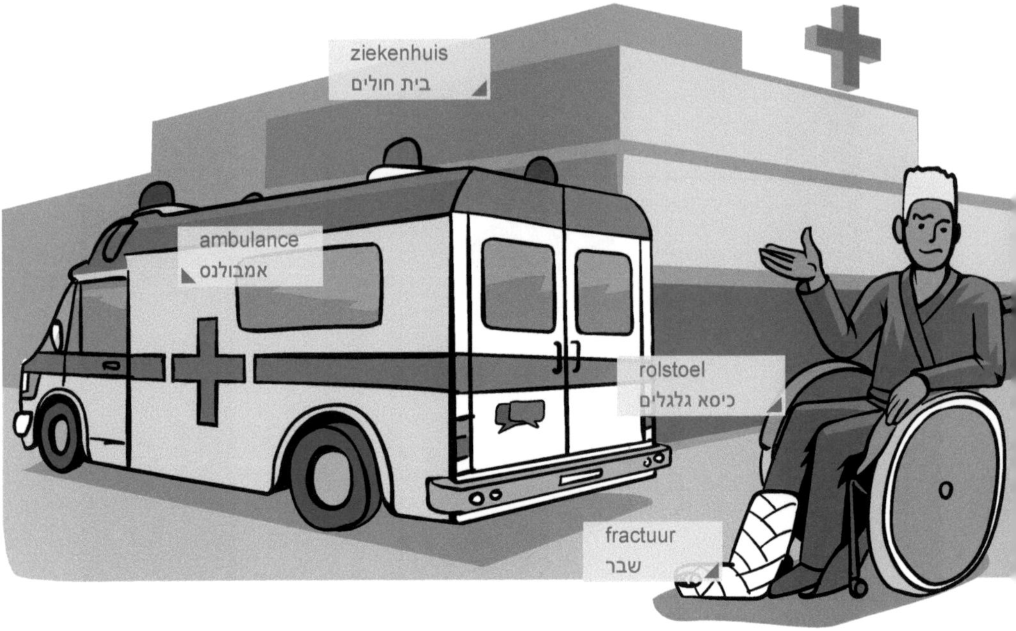

ziekenhuis
בית חולים

ambulance
אמבולנס

rolstoel
כיסא גלגלים

fractuur
שבר

dokter

רופא

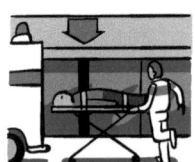

EHBO

חדר מיון

verpleegster

אחות

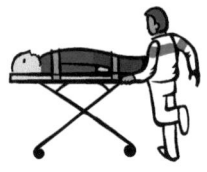

noodgeval

חירום

bewusteloos

חסר הכרה

pijn

כאב

72   ziekenhuis - בית חולים

verwonding

פציעה

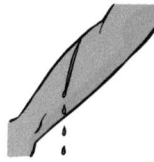

bloeding

דימום

hartaanval

התקף לב

beroerte

שבץ

allergie

אלרגיה

hoest

שיעול

koorts

חום

griep

שפעת

diarree

שלשול

hoofdpijn

כאב ראש

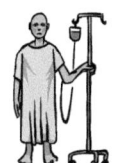

kanker

סרטן

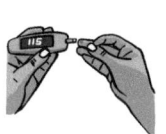

diabetes

סוכרת

chirurg

מנתח

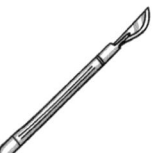

scalpel

אזמל

operatie

ניתוח

CT

סי-טי

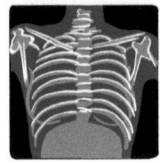

röntgen

רנטגן

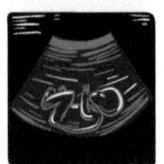

echografie

אולטרסאונד

gezichtsmasker

מסיכת פנים

ziekte

מחלה

wachtkamer

חדר המתנה

kruk

קבה

pleister

פלסטר

verband

תחבושת

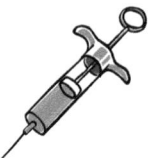

injectie

זריקה

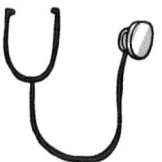

stethoscoop

סטטוסקופ

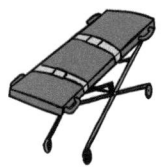

brancard

אלונקה

thermometer

מד חום

geboorte

לידה

overgewicht

עודף משקל

gehoorapparaat

מכשיר שמיעה

ontsmettingsmiddel

מחטא

infectie

זיהום

virus

נגיף

HIV / AIDS

איידס

medicijn

תרופה

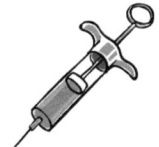

inenting

חיסון

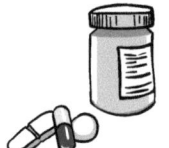

tabletten

טבליות

pil

גלולה

alarmnummer

קריאת חירום

bloeddrukmeter

מד לחץ דם

ziek / gezond

חולה / בריא

noodgeval

חירום

Help!

הצילו!

alarm

אזעקה

overval

פשיטה

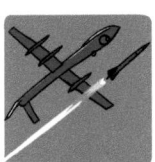

aanval

תקיפה

gevaar

סכנה

nooduitgang

יציאת חירום

Brand!

אש!

brandblusser

מטף כיבוי

ongeluk

תאונה

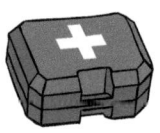

EHBO-koffer

ערכת עזרה ראשונה

SOS

הצילו!

politie

משטרה

aarde

כדור הארץ

Europa

אירופה

Noord-Amerika

צפון אמריקה

Zuid-Amerika

דרום אמריקה

Afrika

אפריקה

Azië

אסיה

Australië

אוסטרליה

Atlantische Oceaan

האוקיינוס האטלנטי

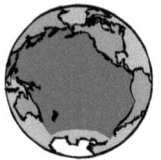

Stille Oceaan

האוקיינוס השקט

Indische Oceaan

האוקיינוס ההודי

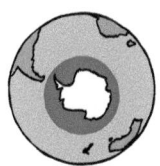

Zuidelijke Oceaan

האוקיינוס האנטרקטי

Noordelijke IJszee

האוקיינוס הארקטי

Noordpool

הקוטב הצפוני

Zuidpool

הקוטב הדרומי

Antarctica

אנטארקטיקה

aarde

כדור הארץ

land

אדמה

zee

ים

eiland

אי

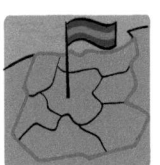

natie

לאום

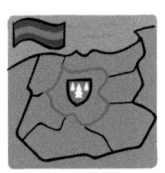

staat

מדינה

klok
שעון

wijzerplaat

פני השעון

uurwijzer

מחוג השעות

minutenwijzer

מחוג הדקות

secondewijzer

מחוג השניות

Hoe laat is het?

?מה השעה

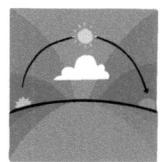

dag

יום

tijd

זמן

nu

עכשיו

digitaal horloge

שעון דיגיטלי

minuut

דקה

uur

שעה

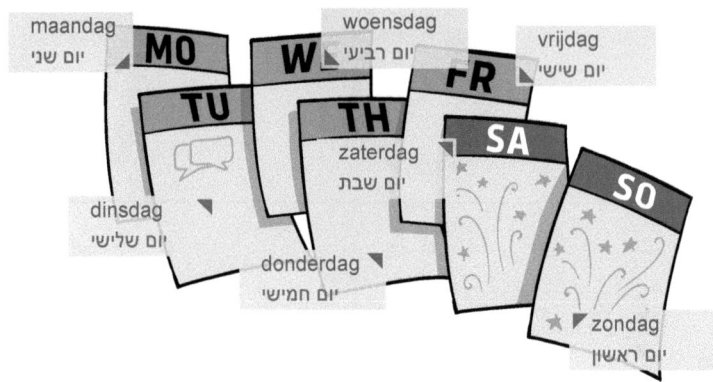

week

שבוע

maandag
יום שני
MO
woensdag
יום רביעי
W
vrijdag
יום שישי
FR
TU
TH
zaterdag
יום שבת
SA
dinsdag
יום שלישי
donderdag
יום חמישי
SO
zondag
יום ראשון

gisteren

אתמול

vandaag

היום

morgen

מחר

ochtend

בוקר

middag

צהריים

avond

ערב

werkdagen

ימי עבודה

weekend

סוף שבוע

jaar
שנה

regen
גשם
regenboog
קשת בענן
sneeuw
שלג
wind
רוח
voorjaar
אביב
herfst
סתיו
zomer
קיץ
winter
חורף

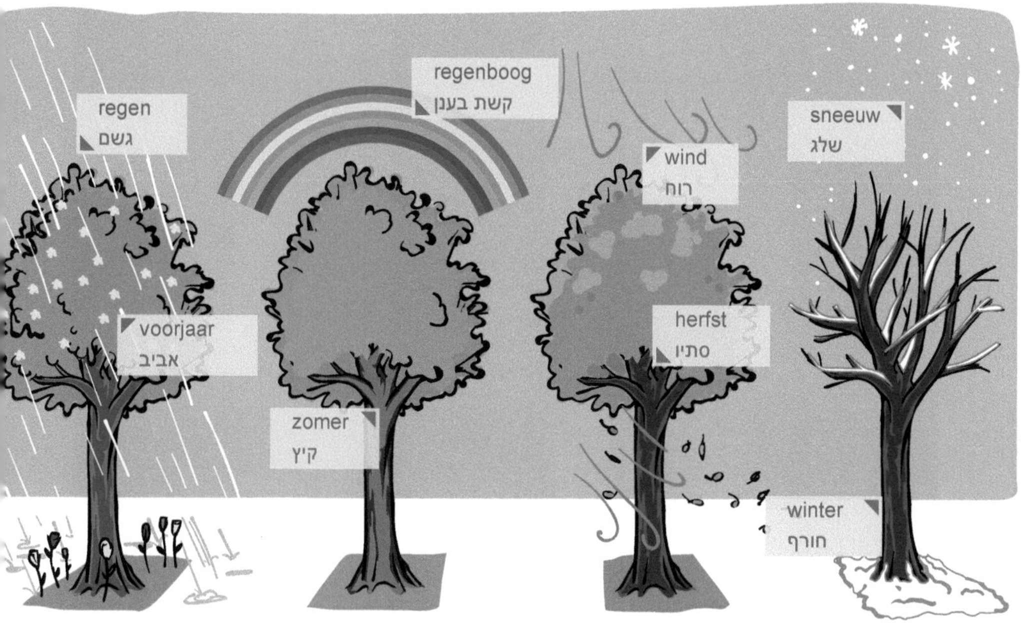

weerbericht

תחזית מזג האוויר

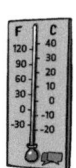

thermometer

מד חום

zonneschijn

אור שמש

wolk

ענן

mist

ערפל

luchtvochtigheid

לחות

bliksem

ברק

donder

רעם

storm

סערה

hagel

ברד

moesson

רוח עונתי

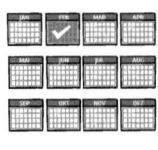

overstroming

שיטפון

ijs

קרח

januari

ינואר

februari

פברואר

maart

מרץ

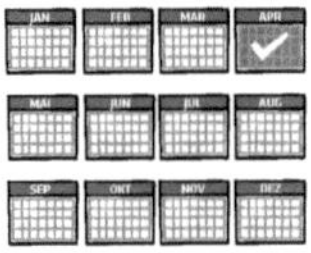

april

אפריל

mei

מאי

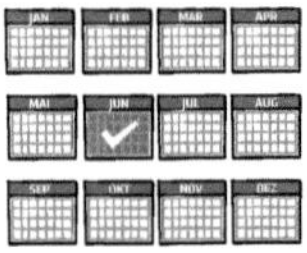

juni

יוני

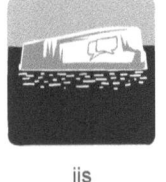

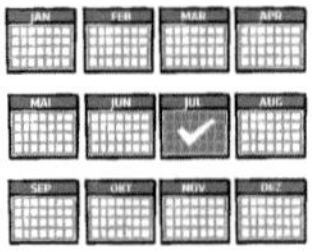

juli

יולי

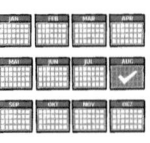

augustus

אוגוסט

september

ספטמבר

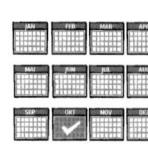

oktober

אוקטובר

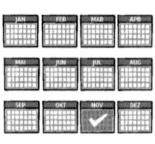

november

נובמבר

december

דצמבר

vormen

צורות

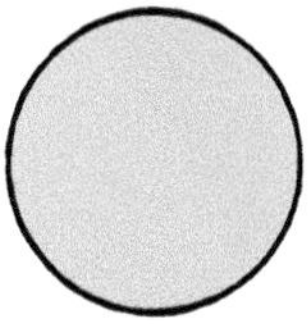

cirkel

עיגול

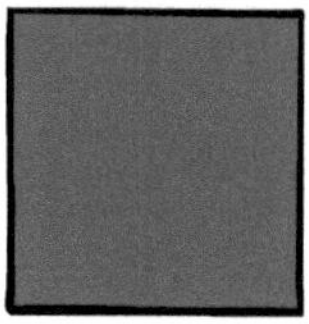

vierkant

מרובע

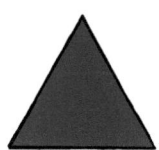

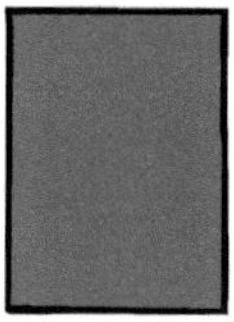

rechthoek

מלבן

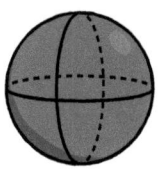

driehoek

משולש

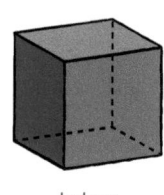

bol

כדור

kubus

קובייה

kleuren

צבעים

wit

לבן

geel

צהוב

oranje

כתום

roze

ורוד

rood

אדום

paars

סגול

blauw

כחול

groen

ירוק

bruin

חום

grijs

אפור

zwart

שחור

tegenstellingen
הפכים

veel / weinig

הרבה / מעט

boos / rustig

כועס / רגוע

mooi / lelijk

יפה / מכוער

begin / einde

התחלה / סוף

groot / klein

גדול / קטן

licht / donker

בהיר / כהה

broer / zus

אח / אחות

schoon / vies

נקי / מלוכלך

volledig / onvolledig

שלם / חלקי

dag/ nacht

יום /לילה

dood / levend

מת / חי

breed / smal

רחב / צר

eetbaar / oneetbaar

אכיל / לא אכיל

gemeen / aardig

רשע / טוב לב

opgewonden / verveeld

מתרגש / משועמם

dik / dun

שמן / רזה

eerste / laatste

ראשון / אחרון

vriend / vijand

חבר / אויב

vol / leeg

מלא / ריק

hard / zacht

קשה / רך

zwaar / licht

כבד / קל

honger / dorst

רעב / צמא

ziek / gezond

חולה / בריא

illegaal / legaal

בלתי-חוקי / חוקי

intelligent / dom

נבון / טיפש

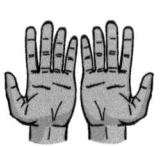

links / rechts

שמאל / ימין

dichtbij / ver

קרוב / רחוק

nieuw / gebruikt

חדש / משומש

niets / iets

כלום / משהו

oud / jong

זקן / צעיר

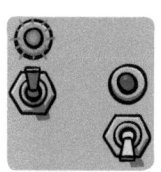

aan / uit

פעיל / כבוי

open / gesloten

פתוח / סגור

zacht / luid

שקט / רועש

rijk / arm

עשיר / עני

goed / fout

נכון / שגוי

ruw / glad

מחוספס / חלק

verdrietig / gelukkig

עצוב / שמח

kort / lang

קצר / ארוך

langzaam / snel

איטי / מהיר

nat / droog

רטוב / יבש

warm / koel

חם / קר

oorlog / vrede

מלחמה / שלום

getallen

מספרים

0

nul

אפס

1

één

אחת

2

twee

שתיים

3

drie

שלוש

4

vier

ארבע

5

vijf

חמש

6

zes

שש

7

zeven

שבע

8

acht

שמונה

9

negen

תשע

10

tien

עשר

11

elf

אחת-עשרה

12

twaalf

שתים-עשרה

13

dertien

שלוש-עשרה

14

veertien

ארבע-עשרה

15

vijftien

חמש-עשרה

16

zestien

שש-עשרה

17

zeventien

שבע-עשרה

18

achttien

שמונה-עשרה

19

negentien

תשע-עשרה

20

twintig

עשרים

100

honderd

מאה

1.000

duizend

אלף

1.000.000

miljoen

מיליון

talen

שפות

Engels

אנגלית

Amerikaans Engels

אנגלית אמריקאית

Chinees Mandarijn

סינית מנדרינית

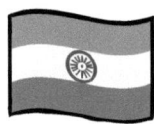

Hindi

הודית

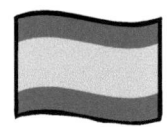

Spaans

ספרדית

Frans

צרפתית

Arabisch

ערבית

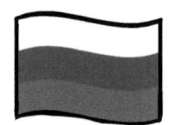

Russisch

רוסית

Portugees

פורטוגזית

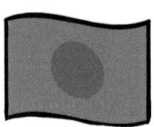

Bengalees

בנגלית

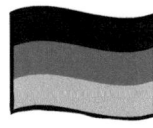

Duits

גרמנית

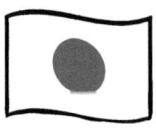

Japans

יפנית

wie / wat / hoe
מי / מה / איך

ik

....

אני

jij

....

אתה / את

hij / zij / het

....

הוא / היא / זה

wij

....

אנחנו

jullie

....

אתם

zij

....

הם

wie?

....

מי?

wat?

....

מה?

hoe?

....

איך?

waar?

....

איפה?

wanneer?

....

מתי?

naam

....

שם

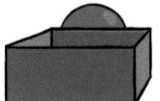

waar

איפה

achter

מאחור

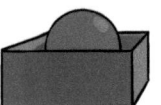

in

בתוך

voor

לפני

boven

מעל

op

על

onder

מתחת

naast

ליד

tussen

בין

plaats

מקום